Para Vera,
carinhosa e sensível amiga,
que por acaso também é minha tia!

Título original em inglês: Famous Children Schubert
Tradução autorizada por Aladdin Books Ltd
Primeira edição feita na Grã-Bretanha, 1993, por Victor Gollancz

Coordenação editorial: Miriam Gabbai
Tradução e adaptação do original: Helena B. Gomes Klimes
Revisão: Leandra Trindade e Ricardo N. Barreiros
Escaneamento e tratamento das imagens: Márcio Uva
Diagramação: Carlos Magno

2ª edição, 2011
1ª reimpressão, 2021

CIP-BRASIL. CATALOGAÇÃO-NA-FONTE
SINDICATO NACIONAL DOS EDITORES DE LIVROS, RJ

R118s
2.ed.

Rachlin, Ann, 1933-

Schubert / Ann Rachlin e [ilustração] Susan Hellard ; [tradução e adaptação do original Helena B. Gomes Klimes]. - 2.ed. - São Paulo : Callis Ed., 2011.

il. color. - (Crianças famosas)

Tradução de: Famous children Schubert

ISBN 978-85-7416-463-2

1. Schubert, Franz, 1797-1828 - Infância e juventude - Literatura infantojuvenil. 2. Compositores - Áustria - Biografia - Literatura infantojuvenil. 3. Literatura infantojuvenil inglesa. I. Hellard, Susan. II. Klimes, Helena B. Gomes (Helena Botelho Gomes) III. Título. IV. Série.

09-5735. CDD: 927.8168
CDU: 929:78.071.1

04.11.09 12.11.09 016175

ISBN 978-85-7416-463-2

Impresso no Brasil

2021
Callis Editora Ltda.
Rua Oscar Freire, 379, 6º andar • 01426-001 • São Paulo • SP
Tel.: (11) 3068-5600 • Fax: (11) 3088-3133
www.callis.com.br • vendas@callis.com.br

Crianças Famosas

SCHUBERT

Ann Rachlin e Susan Hellard

Tradução: Helena B. Gomes Klimes

callis

Naquela tarde, depois que seus alunos já haviam ido para casa, o senhor Schubert resolveu aproveitar o silêncio para escrever, pois, como era comum naquela época, a família Schubert morava na mesma casa que abrigava a Escola Lichtenstal, e eram raros os momentos de sossego. O senhor Schubert não estava nada satisfeito como diretor da Lichtenstal e, quando soube da morte do diretor da Escola Leopoldstadt, pensou: "Aquela escola tem ótimas instalações! Seria perfeita para mim!". Escreveu decidido:

"Quando cheguei à Escola Lichtenstal, suas condições eram tão ruins que quase não tinha alunos. Usando meu próprio dinheiro, melhorei-a e contratei um assistente. Hoje tenho 174 alunos, mas muitos são pobres, e eu os ensino gratuitamente. Gostaria de dirigir a Escola Leopoldstadt, pois nela poderia desenvolver melhor o meu trabalho."

Mas, infelizmente, aquele cargo foi dado a uma outra pessoa, e o senhor Schubert teve de continuar onde estava. Um ano depois, em 31 de janeiro de 1797, sua mulher deu à luz o quarto filho do casal. O diretor vienense não sabia como conseguiria criar todos eles, mas estava feliz. Olhou para o berço do recém-nascido e disse:

— Vamos dar-lhe o meu nome! Vamos chamá-lo Franz.

Quando Franz fez três anos, sua família se mudou para uma casa maior. A escola já tinha 300 alunos, mas não era mais possível contratar um assistente. Ignaz, o filho mais velho, passou a ajudar o senhor Schubert. E seus irmãos, Ferdinand e Karl, logo o seguiriam. Franz se uniria a eles assim que tivesse idade suficiente.

— Pai, não posso ensinar mais nada a Franz! Ele deveria ter aulas com um verdadeiro professor de música.

— Eu disse que não me importaria com o fato de você ensinar Franz a tocar piano, Ignaz. Mas você sabe que não podemos lhe pagar um professor.

— Mas pai, ele é muito bom e canta lindamente também! Você não poderia falar com Michael Holzer?

— Vou ver o que posso fazer — resmungou o senhor Schubert.

O senhor Holzer, que nunca largava o seu copo de vinho, colocou-o sobre a mesa, olhou para Franz e sorriu.

— Excelente, Franz! Você nunca deixa de me surpreender!

— Preciso ir agora, senhor Holzer. Papai vai me ajudar a estudar latim esta noite. A Escola Konvikt está procurando por um menino soprano! Além de cantar para o diretor do Coro da Capela da Corte, Antonio Salieri, terei de fazer uma prova de latim. De cantar não tenho medo, mas a prova de latim me apavora!

Na manhã do dia 1º de outubro de 1808, todos os meninos esperavam a vez de cantar para os examinadores. Eles ficaram surpresos quando viram Franz Schubert se juntar a eles.

Franz tinha onze anos e era muito tímido. Ele não se sentia muito confortável com seu velho casaco azul que, de tão desbotado, já parecia branco. Além do mais, ele era baixinho e usava óculos!

— O próximo, por favor!

Franz se colocou diante dos examinadores. Antonio Salieri pediu que ele cantasse e, logo depois, o diretor da Escola Konvikt examinou seu latim.

— Acho que não vai demorar muito, pai. Os examinadores estão decidindo... — disse Franz ao senhor Schubert, que o aguardava na sala de espera.

O diretor veio ao encontro dos meninos que estavam muito ansiosos. Ele não queria mantê-los em suspense.

— Os dois sopranos, Müllner e Schubert, cantaram muito bem. Como também foram bem na prova de latim, irão participar do Coro da Capela da Corte e frequentar a Escola Konvikt a partir do próximo semestre.

— Parabéns, Franz! Você honrou a família! — disse seu pai, orgulhoso.

Franz ficou muito bem em seu novo uniforme escolar.

— Fique quieto! Senão vai acabar perdendo seu chapéu! — disse Ferdinand, às gargalhadas, enquanto endireitava o novo chapéu de Franz.

Poucos dias depois, Franz deixou sua família. Na hora de partir para a nova escola, acenou sorridente e corajoso.

Franz estava tiritando de frio. A escola Konvikt era gelada e não havia nenhum aquecedor.

"Daria tudo por um prato de sopa bem quente", pensou quando ouviu seu estômago roncar de fome. Sozinho na sala de estudos, Franz pegou algumas folhas de papel com pentagramas, isto é, com pautas musicais, e começou a escrever suas músicas. Logo ele se esqueceu do frio e da fome, de tão feliz que ficava ao compor.

— O que tem feito na escola, meu filho? — perguntou o senhor Schubert quando Franz foi passar uns dias em casa.

— Bem, fora os trabalhos escolares, sou o assistente da orquestra. Encordoo violinos, acendo as velas e coloco os instrumentos e as partituras em seus lugares. Toco violino todos os dias e também canto no coro. Quando damos concertos, eu toco piano. Às vezes apresentamos *minha* música!

— Não negligencie seus deveres escolares, Franz — advertiu o senhor Schubert. — Você deverá ser um professor quando crescer, e não um músico!

De volta à escola, Franz contou a seu amigo Josef von Spaun como tinha sido sua visita.

— Papai não está muito contente comigo. Ele não aprova meu interesse pela música, mas compus um novo minueto sem que ele visse. Ouça-o!

— É lindo, Franz! — disse Josef. — Veja, trouxe mais papel com pentagramas para você.

— Você é muito gentil, Josef. Por favor, não diga nada a meu pai sobre minhas composições. Prometa-me!

— Claro! Agora preste atenção. Você ouviu as últimas? Napoleão está marchando com suas tropas em direção à cidade. O doutor Lang nos proibiu de tomar parte, mas os alunos mais velhos decidiram não obedecer ao diretor e se juntaram ao Corpo Estudantil para defender Viena.

— Como ousaram me desobedecer? — disse o doutor Lang, furioso, quando os meninos voltaram. — Vão para os seus quartos já!

— Amanhã iremos novamente — cochichou Josef para Franz.

No dia seguinte, quando voltaram, o doutor Lang trancou-os em seus quartos.

De suas janelas, os meninos viam as explosões causadas pelas balas dos canhões. Os soldados de Napoleão atiraram em muitos prédios que ardiam em chamas. De repente, uma bala atingiu uma das fontes da Praça da Universidade, bem em frente à Escola Konvikt.

Em seguida, dentro da escola, ouviu-se um barulho ensurdecedor. Alguém gritou. Havia fumaça subindo pelo vão da escada! Franz olhou apavorado para Josef.

— A escola está em chamas! Poderíamos ter morrido!

Os meninos, pálidos de medo, correram para ver o que tinha acontecido. Uma bala de canhão havia atravessado todo o prédio da escola antes de bater contra o chão e explodir.

Poucos dias depois, Josef encontrou Franz chorando.

— Oh, Josef! Não posso acreditar! O diretor acabou de me contar que minha mãe morreu. Vou para casa para seu enterro...

Por onze meses, o senhor Schubert lutou sozinho para cuidar da escola e dos filhos, mas no mês de abril, o doutor Lang trouxe novas notícias para Franz. Ele deveria ir para casa novamente. No dia 13 de abril de 1813, seu pai se casaria com Anna Kleyenbock.

Aos 15 anos, a voz de Franz começou a mudar. Seus dias como soprano estavam contados.

“Franz Schubert cantou pela última vez em 26 de julho de 1812”, ele escreveu em seu diário.

Franz mandou uma carta para seu irmão Ferdinand pedindo dinheiro emprestado para comer.

“Você sabe o que é sonhar com um pãozinho e uma maçã? O almoço oferecido na escola é horrível, e tenho de esperar oito horas e meia até o jantar, que é ainda pior!”

Mas Franz não queria deixar a escola. Ele não queria se tornar um professor como seu pai. Sua madastra, que era adorável, compreendeu-o e, sempre que ganhava algum dinheiro extra do senhor Schubert, guardava-o dentro de um pé de meia para depois dá-lo a Franz.

— Tem alguma coisa guardada na meia, mamãe? — perguntava Franz quando ia visitá-la.

Sempre havia uma ou duas moedas para ele.

Franz Schubert trabalhou como professor por apenas três anos. Ele odiava lecionar! Era muito mais feliz como músico, mesmo sabendo que seria pobre a vida inteira.

Franz se tornou um grande compositor. Ele escreveu nove sinfonias, das quais a mais famosa é a nº 8, a *Sinfonia Inacabada*, que só tem dois movimentos e foi encontrada em uma gaveta após a sua morte, em 1828.

Franz Schubert escreveu também cerca de 600 canções, entre as quais estão:

"A truta"

e "A Rosinha do Campo"

Ann Rachlin é uma educadora de música internacionalmente conhecida. Também é escritora, contadora de histórias, letrista, palestrante e fundadora da instituição de caridade The Beethoven Fund, para crianças surdas. Ann atuou em inúmeros festivais internacionais de música e contribuiu com grandes orquestras sinfônicas no Reino Unido, nos EUA e na Austrália.

Susan Hellard é uma hábil ilustradora com uma longa lista de livros para crianças. Mora em Londres e adora nadar. Possui um estilo de ilustração bem diversificado, abrangendo desde princesas até livros de receitas e projetos de cerâmica.